EL CANTO DEL NEY

Juan José Cerezo Manchado

EL CANTO DEL NEY

SEVILLA • RENACIMIENTO
CALLE DEL AIRE

Este libro ha sido finalista del XLIV premio mundial de poesía
mística «Fernando Rielo», donde se presentaron 312 obras pro-
cedentes de 32 países, y ha sido editado con la colaboración de
la Fundación Cajamurcia y de Econex.

www.editorialrenacimiento.com
BUGANVILLA, I • 41907 VALENCINA DE LA CONCEPCIÓN (SEVILLA)
tel.: (+34) 955998232 • editorial@editorialrenacimiento.com

Diseño de cubierta: Equipo Renacimiento

DEPÓSITO LEGAL: SE 1167-2025 • ISBN: 979-13-87552-91-6
Impreso en España • Printed in Spain

Le pregunté al ney: ¿de qué te lamentas?
¿cómo puedes gemir sin poseer lengua?
El ney respondió: me han separado del cañaveral
y ya no puedo vivir sin gemir y lamentarme

YALAL AD-DIN MUHAMMAD RUMI

LA PÉRDIDA

En mi alma siento ese terrible dolor de la pérdida,
que Dios no me quiere,
que Dios no es Dios, que Dios no existe realmente.

SANTA TERESA DE CALCUTA

LA SED QUE NOS SEPARA

SOLO hay silencio en esta habitación.

Siento una soledad tan infinita
que dudo de si existo.

No acierto a conocerme.
No percibo ni el eco de mis pasos.
Me descubro en el fondo de un profundo vacío
donde ya no me aguarda ni el auxilio de Dios.
Él está destruyendo todo en mí.
Sin embargo, me ahoga
una sed innombrable
que me arrastra despacio hasta un triste destino.
Esta sed infinita,
a la que tan en vano me abandono,
ni siquiera me sacia con su impulso constante,
pues tan solo conduce a seguir más sediento
de tu clara presencia.
Esta sed que es mi escudo,
mi último bastión, mi único sendero conocido,
me separa de ti.

Llévatela, muy pronto, mi Señor,
que no quiera aferrarme a su desdicha,
y quede libre para ir a tu lado
con la fe verdadera del que no tiene nada.

MI TRISTEZA

Esta honda tristeza
—que me domina siempre que te escondes—
se diluye en las cosas cotidianas
y, acaso, no la trato
como ella se merece,
pues su lamento es luz donde descubro
que el brillo de tu amor llegó a mis ojos.

Al final, la confundo, nombrada en otros sitios
que no le corresponden:
la pérdida constante del curso de los años,
deseos que no aguardan lugar para cumplirse,
o, a veces, simplemente,
la apatía del otro cuando esperas
su mano o su consuelo.
Aunque intuyo la forma de hacerla más presente,
y no es otra que amarla sin reparos
—desnuda en mi interior—
como un niño asustado que se acuna
y se acoge con celo hasta llamarla
despacio por su nombre:
Mi querida tristeza, reflejo cristalino
de mi ignota nostalgia por tu rostro.

Ella es mi única verdad;
el sólido bastión que me permite
descubrir tu existencia indemostrable
en este mundo incierto
que duda confundido a cada paso.

TE BUSCO

Si tuviera que darte un adjetivo
diría, sin dudarlo,
que te muestras distante como piedra,
pero también profundo
como la honda grieta que te cubre
si busco por tu arisca superficie.
Te pierdes si te nombro,
y a la vez ocasionas,
en todo aquel que intenta aproximarte,
un tacto frío y solitario
que te quema sin pausa.
Diría que pareces un glaciar;
que yo deambulo sobre el hielo,
a tientas, y escudriño algún esbozo
de tu imagen velada
sobre un manto de nieve,
algún lugar oculto, a los ojos del resto,
donde lograr descanso tras saberte muy cerca.
Pero no advierto nada
más que bruma y cansancio,
una noche tan densa que me deja su signo
grabado sobre el pecho,
y no atino a borrar por mucho que lo intente.
¿Qué será de nosotros?
Yo, exhausto tras la huella que deja tu silencio,

y tú, sin ofrecerte, aguardas que te busque
quedándote escondido donde piensas
qué siempre puedo hallarte.

EL NIÑO Y EL LEÓN

Si pudiera escribir
algún verso que fuese
de la sólida estirpe del león,
valiente y decidido,
que no se amedrentara ante la duda
y fuera la verdad su presa fácil,
y su rugir un golpe que no espanta
sino que nos eleva y fortalece,
¿acaso atenderías de esta forma mi voz?

O si yo te contase
las cosas como un niño
que trasluce, sin miedo –en su inocencia–,
la luz de la alegría
o la incierta penumbra que compone
un rayo de tristeza,
¿hallarías por fin mi corazón?

Te escondes tan lejano
que ni palabra ni latido parecen alcanzarte
a pesar de mi empeño.
Y al igual que el león, que ruge en su abandono,
o el niño que solloza solitario,
te aguardo en la desnuda certidumbre
de mi oculta carencia,
por si acaso quisieras encontrarme.

EN SILENCIO

ESTE silencio que me otorgas
es mi regalo más querido.
Lo aprecio especialmente, igual que se valora
lo bueno que sucede sin buscarlo.

Este silencio tuyo
explica más de ti que todas las palabras
que pudiera inventar para nombrarte,
pues habla del sigilo
que, firme, va hilvanando
la red con la que tejes
la secreta esperanza en la que moro.

Y si alguien me pregunta quién eres en verdad,
diré que eres misterio,
minucioso vibrar en lo callado,
que percute mi alma para hacerla tan tuya
—como nadie podría
haberlo conseguido—
sin tocarla siquiera, sin apenas decirla.

TÚ ERES MI VERDAD

¿A dónde iré sin ti, mi única verdad?
¿Porque te escabulliste de mis manos,
si fue tan generoso el don que nos sostuvo?

A solas, y en la noche,
te anhelo porque un día fuiste mío
y luce en el cristal de mi memoria
la luz de tu mirada
como una imagen débil, pero firme.

Jamás he conocido a nadie que consiga
vivir de su pasado,
y mi endeble recuerdo se desploma
cuando, por defenderme de tu ausencia,
finjo que nunca te marchaste,
y escapo, temeroso de poder descubrirme
vacío ante el espejo.

EL AMOR MÁS PURO

DURO es yacer sobre una roca
cuando uno se acostumbra a la caricia
del cálido misterio de tu mano.
Pero es, precisamente, esa dureza
la única que puede
desprender el barniz de nuestro ego
y mostrarnos la luz
que brilla, al otro lado.
Esa luz interior que nos transforma
y nos obliga a vernos tal cual somos:
–un fragmento de nada
atado con el hilo de la vida
a las crines del tiempo–.

Fue al golpe de tu brusco despedirte
cuando la máscara se hundió,
mostrándome, en su engaño,
la pobreza del ser que me habitaba.
El dolor de tu ausencia abrió un pasaje
que nadie conocía, y por esa razón
yo estaré eternamente agradecido.
Pude ver lo que soy en realidad
e incluso deshacerme del consuelo
de sentir tu cuidado cada noche.
Porque el amor más puro

es aquel que se muestra
al perder lo que un día, falsamente,
creímos que era nuestro.

EN SOLEDAD

En soledad, mi Dios, yo te descubro,
pues no logré entreverte
en los prodigios naturales,
ni siquiera en el canto de los pájaros,
por mucho que su trino se eleve hasta los cielos
y parezca que viven cercanos a tu rostro;
tampoco ellos contienen la esencia de tu voz
en su gorjeo divino.
Pues sé que son tan solo tu reflejo
y he de invocarte entonces
guardando la distancia con el mundo,
saliendo a descubrirte
en mi hondo interior.

En esta soledad que me acompaña
te percibo tan cerca de mi lado
que me llamas, de nuevo, por mi nombre,
después de tantos días infecundos
–de tanto sufrimiento por tu ausencia–,
que no dudo entregarte cuanto soy
y salir, sin temor, hacia tu encuentro.

EL DON

Tú, Señor, eres mi patrimonio,
en ti he puesto mi amor y tú me bastas,
no necesito otro objeto
para saciar mi corazón.

BEATA MADRE ESPERANZA DE JESÚS

En mi corazón había muchos deseos,
pero todos han confluido
desde que mis ojos te vieron.

HUSAYN MANSÛR HALLÂDJ

LA TELA

... rompe la tela de este dulce encuentro.

SAN JUAN DE LA CRUZ

HAS rasgado la tela
que impedía este encuentro.
Manejaste mi mano
para romper la urdimbre
que había entre nosotros.
Mi cuerpo, que por siempre, custodiase mi alma,
se me antoja inservible
en esta nueva vida que dispones,
y, cual simple artificio,
sigue, ciego, tu mano,
sumido en la completa voluntad
de tus propósitos.
Al observar la tela desgarrada
un fervor me domina
y mi ser se diluye en tus aguas eternas:
—sin dejar de ser mío solo a ti pertenece—.

Ahora, no lo dudo, me acompañas;
un milagro escondido se halla dentro de mí.
Tu presencia invisible me conforta
en cada nuevo paso del camino.

SOPLO DE GRACIA

No te importó el lugar,
o si el instante era el propicio,
para ofrecerme el agua
que no sacia la sed
si no la recibimos de tu mano.
Conoces las palabras esenciales
que a los hombres despiertan
de su estéril ensueño,
y las pronuncias solo cuando quieres
—de manera imprevista—
dejándonos sin habla
en la contemplación de tu misterio.

Qué extraña plenitud
obtuve en ese estado:
—todo es amor, todo es la misma entrega,
todo surge, en verdad, para donarse—
y, en ese mar, que, puro, nos acoge,
entregarse sin duda,
e ir muriendo despacio para ser nueva vida
que nace de los otros.
Que regalo venido más allá
del límite del mundo me diste aquella tarde
cuando prendió en mi pecho el soplo de tu gracia.

Para ser por entero
necesito la luz del puro atisbo
de aquello que ya somos sin pensarlo.

¿QUÉ buscas hoy de mí
que yo no te ofreciera en otro tiempo?
Otra vez me conmueves
a pesar de que nunca he merecido
ninguno de tus múltiples cuidados.
Pero cuando cerré mis ojos y la noche
llegó hasta mi interior —iluminando todo—
me mostraste tan puro aquello que vivimos
que tu voz se adueñó de mi palabra,
y canté nuevamente
la belleza que solo toma cuerpo
si pronuncias mi mundo con tus labios.
Tú —amor mío— por entero perseveras,
e, incansable, me invitas,
a pesar de mis múltiples desprecios.
Me abrazas en el gozo de un nuevo amanecer
que ha eclipsado la noche
con el limpio cristal de la mañana
para que rememore tus cuidados
y sea consciente de tu dicha.
Pues solo siendo mío
me conviertes en tuyo por entero.

LA LUZ DEL ESPÍRITU

ESA luz encubierta
que invade la callada habitación
en el remanso de la noche
para darse completa en cada sombra,
parece que descubra —con su claro vislumbre—
el verdadero espacio donde nace
el Dios que nos habita.
Algo tan imposible
como dar voz a aquello que se esconde,
de manera natural, a nuestro rostro,
es lo que hoy me conmueve con su gracia,
con el favor secreto que me brinda.
Esa luz que nos colma,
la de la noche oscura
que ilumina la hoja de papel
en un rincón del cuarto,
la que muestra tan sólo las palabras
que duermen en lo oculto
y nadie les dio nombre.
Ese tibio claror,
que viene desde fuera,
no es otro que tu Espíritu que surge y nos conforta
para darnos el hálito divino
que no está a nuestro alcance, pero si nos sostiene:
la razón irrefutable

de que al menos guardamos
lo que esta luz hermana,
que desciende del cielo, nos confía,
pues fuimos engendrados a su imagen
y de ella se nutre cuanto somos.

DIVINA EXALTACIÓN

¡Oh tú, mi encumbramiento!,
—divina exaltación
que a veces me acompaña—,
la noche no te ciega;
tampoco el relucir del mediodía
apaga tu fulgor con su deslumbre.
Brotas de tan adentro
para aclarar mis dudas sobre el mundo
señalando las cosas que no puedo observar
sin tu blanca presencia
por mucho que mis ojos las intuyan.
Pero ese don oculta una desdicha:
cuánto más necesito de tu luz
menos logro vivir si tú me faltas.
Pasmosa maldición que me consume
y a la vez me dirige más alto en cada oculto
enigma que se muestra ante mis ojos.
La claridad sin fin que me acompaña
lo mismo me ilumina que me ciega.

NECESITAS UN CUERPO

HABITA en mí un deseo
de recostar mi rostro en tu suave regazo
y escuchar tus palabras de una forma tan íntima
que parezcan las mías,
que mi respiración y el aire que en mí vuelcas
sean la misma cosa
y que mi fortaleza dependa de mi nombre
recogido en tus labios.
Es algo natural para todos los seres
pretender el contacto,
pedir el testimonio de la entrega
para estar más seguros de aquello que se ama.

Necesitas un cuerpo
para que yo descubra lo invisible
y te sepa a mi lado
como lo está el amor que nos alienta.

¿Por qué entonces te ocultas?
¿Por qué sólo apareces
si me adentro tan fuera de mí mismo
que no logro saber
si escucho tu latido o es solo mi deseo?

Quizá el amor más puro
es aquel que no puede consumarse,
pero se busca sin descanso
hasta el último instante de la vida.

VOCACIÓN

Sı alguna vez –mi Dios–
acaso te perdiera
y solo viese el fuego de un estéril designio
reflejado en mis ojos
–la llama de un deseo que lucha por cumplirse
y parece temblar a punto de apagarse–,
no dudes de que iría tras tus huellas
hasta el fin de mi tiempo,
porque no existe otra razón
para mí que la tuya, la que llevo tatuada
debajo de mi piel como un presagio
que, infalible, se cumple:
–pretenderte y buscarte, mientras me quede aliento,
en los seres que habitan esta tierra.
Y aunque en algún momento pueda dudar de ti
–en la sombra que arrojas
sobre todo y deslumbra–
de nuevo encontraré la luz que te demuestra.

CONSAGRACIÓN

A ti, mi amor, mi inexorable amor,
que estas en cualquier tiempo
y en el lugar que siempre te propones,
que eres el dolor y la alegría,
la adusta soledad y el necesario alivio
de un cuerpo quebrantado por tu ausencia.
A ti, mi amor,
que no pude lograr
que te quedases en mis manos,
pues tú no perteneces
a aquel que te desea
sino a quien determinas, misterioso.
A ti, tan solo ahora que soy tuyo
y te admiro, al final, donde estuviste,
en la contemplación y en lo secreto,
en la nada que todo lo desborda
y comprime las huellas del sentido.
A ti, mi amor, que ahora te descubro
como el único fin de mis desvelos,
en este nuevo día, que exhibe tu belleza,
me consagro.

EL SILENCIO ES MI ALABANZA

Alabemos a Dios, interiormente en la muda alabanza de una contemplación amorosa, y exteriormente con las palabras de admiración, que saldrán de nuestros labios, al vislumbrar sus perfecciones.

SAN CARLOS DE FOUCOULD

EL ACANTILADO

La tarde, y el paseo acostumbrado
por la vía Naviega,
trasladan otra vez a mis oídos
el arrullo del mar que vuelve a confortarme.
Subimos la escarpada
cornisa del eterno acantilado.
Las gaviotas nos dan la bienvenida
al llegar a su templo
y observamos la piedra —de pálida pizarra—
que corona y dirige desde siglos
el reino de estos mares que Tú nos regalaste.
Desde aquí disfrutamos el arrojo
de invadir el lugar que no nos pertenece,
y acoger, sin pedirlo,
aquello que trasciende a nuestra vista
y que mora tan solo en el ocaso.

Luego llega la noche
y con ella juzgamos que es mejor
regresar al amparo que procura
el calor de la casa y su refugio.
Y gracias a la suerte
que gozamos, de nuevo, en este día,
revivo tu apariencia
y tu luz infinita se intuye en el presente

de manera más nítida que el cielo
vivido hace unas horas.
Estar en comunión con tu existencia
dona un matiz distinto a mi andadura,
y tu imagen regresa sin descanso
en la humilde belleza del paisaje.

Un nuevo atardecer
se torna en la alabanza del tiempo que tuvimos.
Qué fácil es vivir en comunión
y gozar de este espacio si destila tu aroma
y en él hallo evidencias de tu nombre.
Tu gracia me permite
obrar la certidumbre de una fuerza más alta,
encontrándote en lo bello que la vida
ofrece ante mis ojos
y otorga un sentido a nuestros pasos.

VÍSPERAS

Sólo Dios llena el alma,
y la llena toda.

SAN RAFAEL ARNÁIZ BARÓN

LA tarde nos convoca como hermanos.

Una hilera de hombres en sigilo
se colocan, muy lentos
y en perfecta armonía,
sobre el altar gastado de la iglesia.
Comienzan a entonarse las notas del oficio
y el salmo que se escucha nos abre la mirada
a tu oculta vivencia entre estos muros.
Te trae la melodía y te sé tan cercano
que mi cuerpo no existe
y solamente un hálito divino
define mi conciencia en este coro.

Ya nada nos impide reencontrarte.
Vivir en tu consuelo
es algo natural para un trapense.
Morimos a nosotros llevados por la regla;
y nacemos del fondo donde brota
el agua cristalina, que surge de esa fuente,
y anhela redimirnos de la noche
que cubre, por tu ausencia, los caminos del mundo.

EL ÁNGULO MUERTO

Yo me descubro si me miras.

Tengo un ángulo muerto que no puedo advertir
si no busco sus huellas
en la caricia de tu piel,
o en el cálido abrazo que intentas concederme
si ves que desfallezco.

Percibo mi alegría o mi nostalgia
cuando en tus ojos se refleja.

Tu ternura es señal del celo de mis manos.
Tu desdicha es la prueba de mis faltas,
y tu aliento, la voz que necesito
para ver los milagros que lucen en el mundo.

Dios se vale de ti
para hacerme saber que no estoy solo.

Tú eres la puerta
por la que lo divino se cierne para entrar
en lo más ignorado de mi ser
y dejar que mi espacio se ilumine.

Yo no consigo ver lo oculto de mi aspecto.
Me valgo de tu luz para encontrarme
en medio de la niebla.
Sin tu fulgor la noche me sorprende
y no intuyo el camino que lleva hasta mi alma.

En esta oscuridad vislumbro que yo existo
si logro reflejarme
en el limpio remanso
que habita en tu mirada.
Es el único espejo que evidencia
—de forma transparente—
la imagen verdadera de mi rostro.

EL IMPULSO PRECISO

¡MIRAD la hoja de un árbol!
Seguro que sentís la vibración
de su piel, si la mueve
el invisible roce de la brisa que en ella se recrea.
¡Que maternal prodigio
resplandece en la mano que la arrulla!
Esa ráfaga nimia
—tan cercana a un esbozo—
envuelve y ciñe cada hoja
de un misterioso pulso
que el cielo le procura.

Yo busco ese contacto con el viento
e, igual que lo persigue
un pétalo en otoño,
me dejo conducir sin oponerme
hasta notar el mimo de su tacto
en el lento agitarse de mi alma.
La súbita caricia
que solo Dios otorga
a aquellos que lo encuentran sin buscarlo.

EL MÁGICO ELEMENTO

SE adivina en las nubes
la inminente promesa de la lluvia.
Este día de otoño
nos regala el vibrante repicar
del asombro del agua por los campos.
Y como si observase una liturgia
—solamente por ella conocida—
el agua va juntándose con brío
dibujando en minutos
la silueta espejada de los charcos,
y más tarde bendice —salpicando de dicha—
el bullicio inocente de los niños.

Veo las acequias, antes silenciosas,
que mudan en torrentes
llenando con su música la tarde.
Lo que ayer parecía
un profundo secano
hoy se convierte en huertos que se anegan
para dicha de olivos y frutales
que esperaban, pacientes, admirarse
de tan grande milagro.
Pues la tierra recoge
en su vientre vacío
este baño de vida imprevisible

que le cede de forma generosa
la clemencia del cielo.

¡Cuánta misericordia la del agua!
Donde no hay más que polvo y hierba seca
pronto habrá de irrumpir
un mar de flores ondulado.
Y el campo rebosante de tanto colorido
me descubre que, a veces, la respuesta
consiste en aguardar
a que descienda de lo alto
la ofrenda que nos sacia y nos redime.

EL CANTO DEL NEY

No cesa el ney en su canto.
Su voz es la nostalgia de los hombres
por su origen perdido.
Lo escuchas a lo lejos,
se distingue del ruido cotidiano
si te acercas con calma
al sagrado lugar que vive en tu interior.
Sus sonidos descubren una luz escondida
que, tenue pero eterna, nos guarda desde antaño,
y dibuja un sendero en mitad de las sombras.
Solo debes seguir el rastro de sus huellas
y emprender el camino que conduce al hogar
del que nunca debieron separarnos
y al que ansiamos volver.

La causa de este cisma es un misterio
pero llevamos dentro la firme convicción
de que no provenimos de este mundo.
Somos gotas de agua
que saben de la fuente
pero discurren pérdidas por páramos de arena
que no pueden saciar la sed que las empuja.
Y, aunque hoy no sea el día de regreso
al lugar donde, intuyes, perteneces,
escucha el ney, alma mía,

y al menos su canción
calmara, por ahora, el anhelo que hoy sufres
otorgando un sentido a tu añoranza.
Respira sus acordes en silencio
y verás convertirse
la distante tristeza de la pérdida
en cálido refugio
donde avivar la llama de un reencuentro.

EN NUESTRA ERMITA

DESDE tiempos antiguos los pueblos se reúnen
y expresan el anhelo que tienen de lo alto.
Es una vocación tan perceptible
que no existe cultura que no fuese llamada
a construir un lugar que sea propicio
para entender lo que trasciende
más allá del perfil del horizonte.

El pueblo convocado en nuestra ermita
es fruto de ese origen
y enseña que algo eterno se renueva
de forma cotidiana ante el altar.
Allí nos acercamos
a celebrar el don que nos aguarda,
y no se avista fuera de estos muros,
pues ellos son custodios
del frágil pan de vida que nos une.

Y aunque algunos elijan retirarse,
quedándose al abrigo del silencio
para hallar la palabra que alumbre su conciencia,
nosotros preferimos encontrarnos
para encender un fuego en lo escondido,
y advertir lo que a solas no percibes
pero luce en el alma del otro, si te fijas.

Porque la luz de Dios se torna más brillante
si la ves reflejada
en los ojos profundos del hermano.

MI PÓSTUMO REGALO

¿Y si este libro —el póstumo mensaje
grabado a fuego lento
en la carne sumisa del papel—
fuera el camino que conduce
de forma más segura hasta su dicha?
Los versos que hoy escribo
no solo son capaces de advertir su presencia
y señalar el rumbo hacia su encuentro,
sino que son estelas encendidas
que demuestran su paso entre nosotros
y conceden la luz que le descubre.
La prueba que mañana nos indique
que podemos llegar a conocerle
con tan solo decir estas palabras
que él no ha de pronunciar,
pero que han de posarse en vuestros labios
—como un ave que viene del origen—
a leer con vosotros mis poemas.

ATARDECER

ESTE sol de la tarde se consume
sobre el leve perfil del horizonte.
Y—al igual que su llama—
el fuego de mis ojos también se va extinguiendo
sin que nada consiga
reavivar los rescoldos.

No se puede beber ninguna gota
de la luz que se escapa noche abajo,
y este cauce del tiempo
—que todo lo sumerge en sus aguas tranquilas—
también apagará
el ascua que ilumina mi conciencia.
Todo fluye sin pausa
hacia un mar insondable
que nos circunda totalmente.
Y aunque esta paz no cierre nuestra herida
nos permite advertir entre las sombras
el aliento sin mácula
de una sacra ilusión que nos consuela.

MARÍA

Es tu semblante, reina de la paz,
el que otorga el descanso
que mi mente precisa.
Hay algo en tu apariencia que no logro entender,
pero mi corazón escucha cuando miro
fijamente a tus ojos y contemplo
tu sonrisa materna.

Tu fama te precede,
mas no son las historias
que el pueblo de ti cuenta
las que logran tocar mi corazón,
sino tus cálidas pupilas
que al mirarme se adentran en revuelo
y se posan, profundas, en mi alma.

Doce estrellas coronan tu cabeza,
doce, los privilegios que la Iglesia te otorga.
No existe teología más rotunda
para expresar esos secretos
que dejarse llenar por tu mirada,
y todas las palabras quedan dichas
con el dulce silencio de tu rostro.

TU AROMA

TE presentas sin miedo ante nosotros,
colmada de prodigios,
un bálsamo de aceites tan selecto
que perfuma la estancia adonde llega
y difunde este rezo que te invoca.

No hay aroma tan suave y encendido
que pueda equipararse a tu fragancia.
No proviene tu esencia de esta vida:
aflora de un lugar donde no llega
la visión de mis pálidos sentidos,
y asumo, de esta forma,
que tu verdad es evidente:
nadie puede negar lo que no es de este mundo
cuando el ojo y el alma atestiguan tu gloria.

Admiro tu misterio;
me embriago de las rosas
que señalan tu cálida vivencia,
y gozo del instante
en el que cielo y tierra se han unido,
no por el mérito de un hombre,
sino por la impalpable sutileza
que viene de lo alto y nos inunda,
dejándonos sin habla
que pueda compartir esta alegría.

SAGRADO CORAZÓN

PERCIBO en tu paciente corazón
un espacio seguro,
el hogar sin fisuras donde busco el descanso
que mi alma desea
tras los duros reveses que este mundo propina.

Sin tu vasta presencia
lo real se me antoja insuficiente,
un espacio ficticio
donde un dado parece que adivina mi conducta
e intenta persuadirme
de que somos esclavos del azar.
Mas vuelvo a tu cuidado
y allí, como una llama que todo transparenta,
desvelo mis enigmas;
y el dolor y mis ansias
los mitiga la luz de tu ternura
cediéndoles un brillo más profundo
del que yo percibía con tu ausencia.

La luz es diferente si la observo con tus ojos.

Nada fuera de ti tiene sentido,
y por ello no arriesgo al entregarte
lo poco que yo valgo
aunque pierda mi vida en el empeño.

COMO EL CIERVO

POR mucho que pretenda,
te escapas de mis manos
y nunca he recibido suficiente
para colmar el páramo que soy
con tu anhelada lluvia.
Esta sed es mi guía,
pero también mi perdición.
No llevo nunca alforjas, ni abrigo que me cubra
de los estragos que procura la intemperie,
y aún así me lanzo a los caminos
en busca del valor de tus tesoros
con la fe del que sabe
que siempre has de cuidar al que te ama.

Oh, Dios, cuando habremos de encontrarnos
sin límite ni tiempo,
y fundirnos cual llama y hojas secas
para ser por fin juntos la ceniza
que demuestre el incendio de estas brasas
que me queman despacio
pero no me calcinan por entero.

Alimenta mi alma, mi Señor,
que no quede sediento en el camino
después de estar tan próximo tu abrazo.
Dame la luz de tu fanal,

y así mi corazón, estando ciego,
pueda seguir tus pasos en la noche;
como el ciervo que busca
las corrientes de agua
y no ha de descansar hasta beberlas.

LA BÚSQUEDA

Paseo por el monte
y recorro el sendero conocido
hasta la cima donde se dibuja
el azul, infinito, del mar Mediterráneo.
Y pienso que la búsqueda de Dios
se parece a esta senda
que hoy, de nuevo, vislumbro.
E igual que nuestra vida
discurre por los límites del tiempo
y en ella hay zozobra
o calma, –y a menudo nos pierde la ceguera
de no saber por dónde
discurren nuestros pasos–,
también al deambular
la senda se hace angosta
y llena de tropiezos.
En ocasiones no encontramos las señales
que alumbren nuestra ruta
y seguimos en círculos, sin rumbo,
durante tantos días
que llega el desaliento, y pierdes la esperanza
de hallar razón y origen a tu sino.
Mas ocurre, también, algunas veces,
que doblas una curva
y la brisa del mar de nuevo te acaricia,

dando reposo a tu cansancio
de forma impredecible.

Y cuando al fin llegamos a la cima
–y sentimos la vasta inmensidad
del cielo acariciando el horizonte–
entonces comprendemos el pasado
que negaba tu luz a mis sentidos,
y hay, de pronto, en las cosas,
una vivacidad profunda y transparente.
Y descubres, al fin, que Tú estuviste
detrás de lo ignorado.
Que caíste conmigo
y que también me levantaste
cuando alzaba la frente contra el viento
que impedía mi rumbo.

Jamás me abandonaste,
–por mucho que la duda me lo oculte–
en ningún contratiempo del camino.

DESPEDIDA

TE acercas a mi lecho
y te descalzas cuidadoso:
Pisas suelo sagrado,
pues sacro es el lugar
donde un hombre se postra
para esperar la muerte.
Ya ves que las facciones
que conforman mi rostro
cambiaron de inmediato en pocos días.
Y aquello que podía definirme
apenas se divisa en mi mirada.
Solo queda una luz
que ya no se parece, de tan débil,
al antiguo fulgor que brillaba en mis ojos.
Y, ahora que su herida
ha dejado su huella
en cada cicatriz,
puedo verle a lo lejos y seguir el sendero
que me lleva a su lado.
Hoy estoy convencido de iniciar mi andadura.
No debes recordarme por mi nombre
sino por la manera
que el dolor ha querido darme forma.
Ya no me llamo Juan José.
Y no existe lenguaje

que pueda describirme con palabras,
pues qué son las palabras sino espejos
donde los otros pueden revivirnos
pensando que nos miran
sin vernos realmente.

Pero no tengas miedo,
y por última vez coge mi mano
antes de que mi cuerpo me abandone
y empiece mi partida.
Bien sabes que a quien nada puede atarle
no le importa viajar hacia lo ignoto.
El afán por su encuentro
puede más que lo oscuro del camino.

COMENTARIOS Y DEDICATORIAS

LA SED QUE NOS SEPARA. Para Agustín Pedrero. Inspirado en las palabras de Madre Teresa de Calcuta.

MI TRISTEZA. Inspirado en los poemas del poeta sufí Rummi.

TE BUSCO. A Toñi Galián.

EL NIÑO Y EL LEÓN. Inspirado en la canción «Strong» del grupo musical London Grammar.

SOPLO DE GRACIA. Al padre Francisco Vivancos.

EL ACANTILADO. A mi Familia: Toñi, Juan Pablo, Celia, Gonzalo y Eloy. Inspirado en la vía Naviega, Asturias.

VÍSPERAS. A mis padres, Salvador y Encarnita. La Trapa, San Isidro de Dueñas.

EL ÁNGULO MUERTO. A Agustín y Diego, buscadores. La Trapa, San Isidro de Dueñas.

EL MÁGICO ELEMENTO. A Francisco Sánchez Bautista.

EL CANTO DEL NEY. A Ginés Aniorte.

EN NUESTRA ERMITA. A José Alberto Cánovas, campo de la Matanza, Santomera.

MI PÓSTUMO REGALO. A Juan Gregorio Avilés.

MARÍA. A María Hernández. Inspirado en la imagen de la virgen María, reina de la paz, Tihaljina, Bosnia.

Tu aroma. A la virgen de Medjugorje, Bosnia.

La búsqueda. A Rafael Sánchez, a mis compañeros del hospital santa Lucía de Cartagena. En el monte San Julián.

Despedida. A todos aquellos que se han despedido de mí en los años que ha llevado realizar este libro y especialmente a Ángel Manchado, Antonio Pérez, Vladimir Zalazar, Manuel Otón, José Escudero, José Cantabella, Francisco Luis Garcerán, Eloy Templado. Descansen en paz y brille para ellos la luz eterna.

ÍNDICE

LA PÉRDIDA

EL DON

EL SILENCIO ES MI ALABANZA

EL CANTO DEL NEY
DE JUAN JOSÉ CEREZO MANCHADO
SE TERMINÓ DE IMPRIMIR
EL 23 DE JUNIO DE 2025